最初のひとことが すっと言える！英会話

デイビッド・セイン
David Thayne

青春出版社

Prologue
はじめに

- 外国人に話しかけられた。
  何かこちらに質問しているらしい。
  でも何て言ってるか聞きとれない、もう一度言ってほしい。

- 英語で道を聞かれたので、英語でどうにか答えたけど、ちゃんと分かったか心配…

——こんなとき、「なにか言いたい」と思っても、いざ話そうとすると、

……

なぜか何も言えない。「なんか言わなきゃ！」と焦るほど、ますます固まってしまう。
こんなことありませんか？

中学から大学まで英語を習ったのに、いざというときに「最初のひとこと」が出てこない。日本人なら誰でも、こんな経験をしたことがありますよね？

これは、TOEICで800点とるような、英語をかなり勉強してきた人にもあることなんです。

学校での勉強は、読み書きがメインでした。声に出して英語を言うことはあっても、「先生の後に続いて言う」のがほとんど、

つまり「何を言うのか」は考えなくてもよかった。「自分で、何を言うかを考えなきゃいけない状況は、ほぼゼロだった」という人がほとんどなのです。
だから、とっさに話せないのは「ほとんど初めての経験だから」「慣れていないから」なのです。

ではどうすればいいか。私は25年以上、日本の方々に英語を教えてきて、いつもそれを考えてきました。
その答えが、この本です。

右ページに、質問(Question)があります。
たとえば、
「よく聞こえない、もう一度言ってもらうなら？」

あえて、ヒントは出していません。実際の会話でも、相手はヒントはくれません。「ヒントなし」の状況で、誰にも頼らず、自分の頭の中から、なんらかの英語を引っ張り出してこなければいけないのです。

この本では、そのシチュエーションを再現しています。実際のシーンをイメージしながら、ご自分で考えてみてください。
そして、「これじゃないかな？」という英語を思い浮かべながら、ページをめくってください。

左ページに、「おすすめフレーズ」を紹介しています。
もちろん、「正解」はこれだけではありませんが、この本では「自分で考える→とにかく最初にひとこと、短いフレーズを言えるようになる」
が目的ですから、代表的な「おすすめフレーズ」を挙げてありま

す。

70問ありますから、70回、自分で考えるトレーニングができることになります。私のこれまでの経験だと、このくらいの数をこなせば、頭の中に「英語で考え、話す回路」のようなものが開通しはじめます。

「たった70問で？」と思われるかもしれませんが、ヒントなしで70回、英語を考え出すのは、真面目にやるとしっかりしたトレーニングになります（もちろん、どこから読んでも、一度に何問やってみてもＯＫです）。

Questionに答えることによって、基本的な英会話に必要な200のフレーズを覚えられるように構成しました。
この200フレーズは、ネイティブが日常的によく使う、バツグンに使い勝手のいい、3単語程度のものばかりです。

ではさっそく始めましょう！

Contents

最初のひとことがすっと言える！英会話

はじめに ……………………………………………………… 3
この本の読み方・使い方 …………………………………… 7

Chapter 1 | 日常生活で　　9

Chapter 2 | 外出先で　　51

Chapter 3 | 友だちと　　83

Chapter 4 | オフィス・ビジネスで　　115

おわりに ………………………………………………………157

カバーデザイン　井上新八
本文デザイン　大下賢一郎

How to Use This Book
この本の読み方・使い方

右ページ 〉Question

突然話しかけられたり、とっさに何かを言わなきゃ!
という場面に出くわしたつもりで、どう言うか、
実際に会話している気分になりきって、考えましょう。

考えながらページをめくってください

この本の読み方・使い方

左ページ 〉おすすめフレーズ／解説／他のフレーズ

> これは、あくまでも一つのおすすめ。こんなシンプルな単語で、じゅうぶん会話は通じます。
>
> 他にも正しい英語フレーズや、場を盛り上げるフレーズはたくさんあります！

Chapter 1　日常生活で

Come again.

何だって?

相手の言葉がうまく聞き取れなかったら、ぜひこの2単語を**日本語の「えっ何?」と同じような感覚で使えるフレーズ**です。この状況なら「もう一度来い」という意味ではありませんから、注意してください。

(!) **使う相手に注意!**

わりとカジュアルな表現ですから、フォーマルな場や目上の人には使わないように!

📅 **一緒に覚えよう!**

What was that?
何だって?
Whatを使う聞き方でもOK。wasと過去形にするのがポイント。

📅 **一緒に覚えよう!**

Say what?
何だって?
これもカジュアルな聞き方になります。仲間内で使いましょう。

(012)

> このフレーズの解説です。

> このフレーズを実際に言うにあたっての注意点やポイントを紹介しています。

> このシチュエーションでの「正解」は一つではありません。
> ほかにも、ぜひ使ってほしいフレーズを挙げています。

Chapter 1
日常生活で

外国人観光客が急増している今日この頃、基本的なやり取りは、できるようにしたいものですね。まずはさまざまな「とっさ」の場面で、ひとこと言う練習から始めましょう。

Question 01

え、何? よく聞こえない、
もう一度言ってもらうなら?

1 日常生活で

2 外出先で

3 友だちと

4 オフィス・ビジネスで

Chapter 1 日常生活で

Come again.

> 何だって？

相手の言葉がうまく聞き取れなかったら、ぜひこの2単語を。**日本語の「えっ何？」と同じような感覚で使えるフレーズ**です。この状況なら「もう一度来い」という意味ではありませんから、注意してください。

!! 使う相手に注意！

わりとカジュアルな表現ですから、フォーマルな場や目上の人には使わないように！

一緒に覚えよう！

What was that?
何だって？

Whatを使う聞き方でもOK。wasと過去形にするのがポイント。

一緒に覚えよう！

Say what?
何だって？

これもカジュアルな聞き方になります。仲間内で使いましょう。

お願いごとがあるなら、
このひとこと!

Chapter 1 日常生活で

Do me a favor.

お願いがあるんだけど

意外と日本人に知られていないフレーズですが、ネイティブの定番表現です。**favor**で「好意、願い、恩恵」なので「恩恵を施して」→「お願いがあるんだけど」となります。よく使うので、ぜひ覚えてください！

(!!) 困った時はこのフレーズを！

日本語の「お願いがあるんだけど…」という言い出しのフレーズと、ほぼイコールの感覚で使えます。

一緒に覚えよう！

Could you do me a favor?
お願いがあるんだけど。

丁寧に言うとこんなフレーズに。
Could I ask a favor? でも同じ意味になります。

一緒に覚えよう！

Can you do something for me?
頼みがあるんだけど。

「私のために動ける？」→「頼みがあるんだけど」というイメージ。

Question 03

相手の職業をたずねるなら?

Chapter 1 日常生活で

What do you do?

お仕事は?

What is your job?(あなたの仕事は何ですか？)では、あまりにストレートすぎて失礼になる場合も。**What do you do?で「いつも何をしていますか？」→「お仕事は？」**と婉曲的な表現を使ってたずねましょう。

!! 誤用に注意！

What do you do?を「あなたは今何をしていますか？」という意味に誤解している人がいるので気をつけて！

一緒に覚えよう！

What line of work are you in?
どんな種類のお仕事を?

より具体的な仕事内容を聞くなら、こんな聞き方も。
line of workで「業種、職種」です。

一緒に覚えよう！

What do you do for a living?
どんな仕事をしていますか?

「何の仕事で生計を立てていますか？」という意味です。

Question 04

電話が鳴ってる！
自分が出るなら？

Chapter 1 日常生活で

I'll get it.

私が出ます

こういうこと、ありますよね。日本語の「私が出ます」に相当する言葉がコレ！ **get it**で「**電話を取る**」→「**電話に出る**」となります。こんな言葉が自然に出たら、「ネイティブみたい」なんてビックリされますよ！

!! ドアのノックにもOK！

電話が鳴った時だけでなく、ドアのノックが聞こえた時にも同じ意味で使えます。

📔 一緒に覚えよう！

I got it.
出るよ。

本来「わかった」ですが、転じて「わかった、(電話に)出るよ」→「出るよ」という意味に。

📔 一緒に覚えよう！

Got it.
出るよ。

I got it. をさらに短くした言い方がこれ。「オッケー」みたいなニュアンスです。

Question 05

パーティに誘われたけど、先約あり。どう断る?

Chapter 1　日常生活で

Count me out.

やめとく

何かに誘われて、参加できない時に使います。
Count me out. で「私を抜きで」→「私をメンバーから外して」というニュアンスに。
out を in にして **Count me in.** とすれば、「仲間に入れて」「参加させて」と、逆の意味になります。

(!!) in と out で意味は逆！

count ... in で「…を頭数に入れる」、
count ... out なら「…を頭数から外す」となります。

一緒に覚えよう！

Maybe next time.
またの機会に。

ネイティブがよく使う定番「お断り表現」がこれ。こう言えば、都合が悪いことが伝わります。

Question 06

「元気?」と聞かれて
バッチリなら?

Chapter 1　日常生活で

Couldn't be better!

バッチリ！

「こんなフレーズ見たこともない」と言う人もいるでしょうが、ネイティブが非常によく使うフレーズです。
Couldn't be better! で「これ以上よくなりようがない」→「バッチリ！」と文句なしの状態であることを表します。

!! 何にでも使える便利なフレーズ！

体調だけでなく、感想や天気などさまざまな「バッチリの状況」で使えます。丸ごと覚えて、日常的に使いましょう。

一緒に覚えよう！

Not bad at all.
バッチリ。

「まったく悪くない」→「バッチリ」となります。
I'm doing great! でも同じようなニュアンスに。

一緒に覚えよう！

Better than ever!
バッチリ！

「いまだかつてなくいい」→「バッチリ！」というイメージ。

Question 07

食事の準備ができたら
どう知らせる?

Chapter 1　日常生活で

Come and get it!

ご飯だよ！

食事の準備ができて、みんなを呼び集める時に使うフレーズがこれ！ 「来て食べなさい！」→「ご飯を食べに来なさい」→「ご飯だよ！」というイメージ。**「もう夕食の準備はできてるよ」**なら **Dinner is almost ready.** です。

!! フォーマルな場では要注意！

カジュアルなフレーズなので、会食などのフォーマルな場では使わないほうがいいでしょう。

一緒に覚えよう！

Time to eat.
食事の時間だ。
Time to ... で「…する時間だ」となり、予定を教えるのに便利なフレーズです。

一緒に覚えよう！

Let's eat!
食べよう！
周囲に「さあ食べよう」と誘うなら、こんな言い方も。**Dinner's on.** なら「夕食の時間だ」です。

ためらってる友人を
後押しするなら？

Chapter 1 日常生活で

Give it a shot.

やってみなよ

何か悩んだり、ためらったりしている人がいたら、こんなフレーズで勇気づけてあげましょう。
give it a shot で「**試しにやってみる**」「**挑戦してみる**」という意味なので、命令形で「やってみなよ」となります。

!! 魔法の言葉!

人を勇気づける魔法の言葉は、ぜひ覚えておきたいもの。
Give it a try. でも同じ意味になります。

一緒に覚えよう!

You should try.
やってみなよ。
You should ... で「…したほうがいいよ」とアドバイスするフレーズに。

一緒に覚えよう!

You have to try.
やらなきゃ。
You have to ... を使い、「…しなきゃ」と強くすすめるのもいいでしょう。

Question 09

「お金、貸して」とお願いされ、
強く断るには？

Chapter 1 日常生活で

No can do.

無理だね

ピシャリと何かを断るなら、こんなフレーズがオススメ。「**ダメだ**」「**まっぴらだ**」「**お断り**」くらい**強く拒否するニュアンス**があります。日本語に「取りつく島もない」という言葉がありますが、まさにそんなイメージの英語です。

!! もっと柔らかく言うなら!

もっと柔らかく言うなら、**I don't want to do that.**(それはしたくないな)がオススメ。

一緒に覚えよう!

I'll have to say no.
ノーだね。

やんわり断るなら、「ノーと言わないといけないだろう」→「ノーだね」なんて言い方もいいでしょう。

一緒に覚えよう!

That's impossible.
無理だね。

強く断るなら、impossible(不可能)なんて単語を使うのもアリ。

Question 10

仲よかった人が引っ越すことに。
寂しさを伝えるなら?

Chapter 1 日常生活で

I'll miss you.

寂しくなるな

相手がいなくなる寂しさを伝える定番表現です。「**これから寂しくなる**」なら未来のことなので I'll miss you. と**未来形**を使いますが、「いま寂しい」なら現在形の I miss you. で表現しましょう。

!! 社交辞令でマストです！

人が異動する際にもよく使います。社交辞令ではマストといえる表現ですから、ぜひ覚えて！

一緒に覚えよう！

I'll be thinking about you.
きみのことを考えるだろうな。

こんなことを言われたら、誰だって喜ぶはず。
I'll be thinking ... と未来進行形を使うのがポイント。

一緒に覚えよう！

I'll never forget you.
決して忘れないよ。

これも別れの定番表現です。
I won't forget you.（忘れないよ）もオススメ。

Question 11

仕事にやたら口出しする
人にひとこと

Chapter 1 日常生活で

Mind your own business.

お前には関係ない

Mind your own business. で「自分の仕事を気にかけなさい」→「人に口出しするな」→「お前には関係ない」「余計なお世話だ」という意味になります。うるさく人に指示するような人に言うフレーズです。

⚠️ 目上の人には使わないように！

かなりキツいフレーズですから、上司や目上の人には使わないように！「でしゃばるな」「大きなお世話だ」という意味にもなります。

📓 一緒に覚えよう！

It's none of your business.
お前には関係ない。

「あなたの仕事ではない」→「お前には関係ない」となります。

📓 一緒に覚えよう！

It doesn't concern you.
お前には関係ない。

concern で「関係する」なので、「それはあなたに関係しない」→「お前には関係ない」となります。

Question 12

1週間雨だったのに、
また今日も雨。
ひとことつぶやくなら?

Chapter 1　日常生活で

Not again.

またか〜

サラッとこんなフレーズをつぶやけたら、カッコイイですよ！
「二度とないように」→「またか（もう嫌だ）」というイメージで、繰り返しがっかりすることが起きた時に使います。状況に応じてジェスチャーや表情を変えましょう。

(!!) 言い方に注意！

キツく言うと、「勘弁してよ」「もう二度とするな！」くらいにネガティブなニュアンスになるので要注意！

一緒に覚えよう！

Not this again.
もうこんなことしないで。

Don't do this again. を短くしたもの。
Give me a break.（勘弁してよ）でもOKです。

Question 13

遅刻が続いたので
信用ガタ落ちに。
「(今度こそ)信じて」と言うなら?

Chapter 1 日常生活で

Trust me.

信じて

冗談ばかり言ってると、いざという時なかなか信じてもらえなかったりしますよね？ そんな時、**真剣に訴えるなら Trust me.(信じて)** のひとことがいいでしょう。たった2語の短いフレーズだからこそ、説得力があります。

!! 真剣な顔で言うのがポイント！

できたら相手の目をまっすぐ見て、真面目な表情で言いましょう。そうすればあなたの真剣さが伝わります。

一緒に覚えよう！

Believe me.
信じて。

trustのかわりにbelieveを使っても、ほぼ同じ意味に。

一緒に覚えよう！

You gotta believe me.
信じてくれよ。

もう少し強く訴えかけるなら、こんな言い方も。

Question 14

ちょっとしたケガなのに
まわりが大騒ぎ。
「たいしたことない」と言うなら?

Chapter 1 日常生活で

It's no big deal.

たいしたことないよ

big dealという言葉を知らない人も多いでしょうが、「**大きな取引、大事、重大事**」といった意味になります。そこから「大事ではない」→「たいしたことないよ」と慰めるフレーズに。dealはよく使う単語ですから、ぜひ覚えておきましょう。

(!!) 日常会話で頻出！

Big deal!だけでも「たいしたことはない！」「なーんだ！」という意味に。ネイティブはとてもよく使います。

一緒に覚えよう！

It's not a big deal.
たいしたことないよ。

noをnotに変えて、not a big dealとしても同じ意味になります。

一緒に覚えよう！

It's nothing.
なんでもないよ。

「取るに足らないよ」くらいに言うなら、nothingを使ってもいいでしょう。

Question 15

ランチはピザかパスタかで大ゲンカ。
どっちでもいいなら?

Chapter 1 日常生活で

It doesn't matter to me.

どっちでもいいよ

「どっちがいい？」なんて聞かれて、決めかねているならこのフレーズを。**「それは私にとって問題でない」→「どちらでもいい」**というOKの返事になります。人に判断を委ねる時に使いましょう。

!! なんでもOK！

いくつか選択肢があり、その中のどれでもOKな時に使います。「おまかせ」と同じようなニュアンスがあります。

一緒に覚えよう！

Either one is fine.
どっちでもいいよ。

either one で「どちらでも」なので、
I'm happy either one.（どちらでもいいよ）でもOK。

一緒に覚えよう！

Whichever.
どっちでも。

1単語で表現するならコレ！

Question 16

大変なのを知らないのに
口出しする人にひとこと

Chapter 1 日常生活で

What do you know?

あなたに何がわかるの?

何もわかってない人に口出ししてほしくないなら、こんなフレーズを!
日本人はとかく交渉下手・ケンカ下手と言われますから、たまにはこんなパンチのある言葉を使うと効果的。ちょっと強気に言うと、ぐっと威圧感も増します。

!! 言い方でニュアンスが変わる!

おだやかに言えば、「あなたは何を知ってるの?」という疑問文に。言い方でニュアンスが変わるので注意しましょう。

一緒に覚えよう!

How would you know?
あなたがどうわかるっていうの?

これも言い方でさまざまな意味に。強気に出るなら相手の目を見てハッキリ言いましょう。

Question 17

わが家にお客様が来た。
「トイレを貸して」と言われて、
気持ちよくOKするなら?

Chapter 1 日常生活で

Be my guest.

どうぞご自由に

「トイレを貸して」なんてお願いするのは、お客様も心苦しいはず。ですから気持ちよく **Be my guest.** で「**私のお客様になって**」→「**お客様として自由にして**」→「**どうぞご自由に**」と答えてあげましょう。

!! 接客のマストフレーズ！

「お客様、どうぞ自由にお過ごしください」という意味なので、さまざまな接客シーンで使えます。

📖 一緒に覚えよう！

Sure, go ahead.
もちろんどうぞ。

sure で「もちろん」、go ahead で「どうぞ」です。

📖 一緒に覚えよう！

Yeah, sure.
ああ、もちろん。

Sure.（もちろん）の1語でもOKです。

Question 18

Bye.(バーイ)じゃない
別れの言葉は?

Chapter 1 日常生活で

See you.

またね

簡単そうな問題ですが、実は答えられない人もいたりして?! 別れの挨拶がいつも Bye. では「何とかの一つ覚え」なんて言われそう。**See you. は別れの定番表現**ですから、ぜひ使ってみましょう。

!! See you. は何の省略形?

I'll be seeing you. を短くしたもので、「また会うでしょう」→「またね」というイメージです。

📝 一緒に覚えよう!

Catch you later.
またね。

「あとで追いつくよ」→「またあとでね」→「またね」というイメージ。

📝 一緒に覚えよう!

Later.
あとでね。

そう時をおかずに会うなら、この1語でOK。

Have a nice day!
と言われたら?

Chapter 1 日常生活で

(The) Same to you.

あなたにも(おめでとう)

Have a nice day! や Merry Christmas!、Happy New Year! なんて言葉をかけられ「**あなたにも(同じ言葉を)**」と返す時に使います。お互いにポジティブな言葉をかけあう場合に使いましょう。

⚠ こんな時は要注意！
失礼な言葉に対して使うと「お前も同じだ」というネガティブな意味になるので要注意！

📔 一緒に覚えよう！

Merry Christmas to you!
メリークリスマス！

最後に to you をつけて返しても OK。他のお祝いの言葉などにも使えます。

📔 一緒に覚えよう！

To you as well.
あなたにもね。

直訳すると「あなたにも同様に」、同じ言葉を返すかわりにこう言い換えてもいいでしょう。

コンタクトを落とした！
周りの人に手伝ってもらうには？

Chapter 1 日常生活で

Could you give me a hand?

ちょっと手伝ってもらえますか?

手助けがほしい時の定番表現がこれ!
Could you ...?で「…してもらえますか?」、give ... a handで「…を手助けする」です。
Could you ...?をつけると誰にでも使える丁寧な言い回しになるので、覚えておきましょう。

⚠️ give me a handとhelpの違い

give me a handだと「手を貸す」、helpだと「助ける」となるように、give me a handの方がやや気楽なニュアンスに。

📇 一緒に覚えよう!

Could you help me out?
手伝ってもらえますか?

ほぼ同じ意味ですが、**give me a hand**の方が「ちょっと」のニュアンスが出ます。

Chapter 2
外出先で

たとえば、仲良くなった外国人と食事に行き、英語で「今日は私が…」なんて言えたらスマートですね。ワリカンにするなら、誤解のないように伝えたいものです。そんな、外で言えるといいフレーズにトライしてみましょう。

外国人に英語で道案内。
理解できたか確認するなら?

Chapter 2 外出先で

Do you get it?

> わかりますか?

自分の説明に自信がない時に聞く「わかりますか?」の英語がこれです。**get**には「**わかる**」「**理解する**」という**意味**もあり、understandよりカジュアルなニュアンスがあるのでオススメ。**Get it?** と省略してもOKです。

⚠ getを気軽に使いこなそう!

逆の立場で「わかった」と返事するなら、**I got it.** がオススメ。Okay. くらいに聞こえる気軽な返事になります。

📝 一緒に覚えよう!

Are you okay?
大丈夫?

OKの綴りがokayだって知ってましたか? 正しくはこのように書きます。

📝 一緒に覚えよう!

Do you understand?
わかる?

少しかたく聞くなら、understandを使ってもいいでしょう。

Question 02

アンケート調査の依頼に
喜んでOKするなら?

Chapter 2 外出先で

With pleasure.

喜んで

OKの仕方にもいろいろありますが、誰からも喜ばれるのがこのフレーズ。**With pleasure.** で、ただ単にOKするだけでなく**「喜んで自主的にやります」というポジティブな返事**に。謙虚なニュアンスもあるので、オススメです。

!) フレーズと組み合わせてもOK！

I'll do it with pleasure.（喜んでそうします）のように、フレーズと組み合わせて使うこともできます。

一緒に覚えよう！

I'll get right on it.
すぐにやります。

「すぐにその作業に取りかかります」というニュアンスに。

一緒に覚えよう！

No problem.
いいですよ。

「問題ないです」→「いいですよ」と、これもネイティブが非常によく使うOKのフレーズです。

Question 03

エレベーターで女性と一緒に。
「お先にどうぞ」とすすめるなら?

Chapter 2　外出先で

Go ahead.

お先にどうぞ

無言で道を開けても、相手に順番を譲っているとは伝わりません！ ぜひこの一言を添えて、気持ちよく道を開けましょう。**エレベーターだけでなく、道や順番を譲る時にも**使えます。

!! にこやかに手を添えれば完璧！

命令口調で言うと「やれっ！」という意味になるので要注意！ にこやかに言うのがポイントです。

一緒に覚えよう！

After you.
お先にどうぞ。

相手に順番を譲る時の決まり文句で、「あなたの後に」→「お先にどうぞ」となります。

一緒に覚えよう！

You first.
お先にどうぞ。

You go first, please. を省略した言い回しです。

Question 04

お年寄りが荷物を持てず大弱り。
「自分がやる」と申し出るなら?

Chapter 2 外出先で

Allow me.

任せて

自発的に何かする意思を伝えるなら、ぜひこのフレーズを！
直訳が「私を許して」となるように、謙虚さの伝わる非常に好印象な言い回しです。困っている時に「任せて」なんて言われたら、誰だってうれしくなります。

⚠️ Allow me to ... のフレーズも使いこなそう！

Allow me to ... で「…させていただきます」という謙虚な言い回しに。自分を下げて、人を立てる表現です。

一緒に覚えよう！

Let me do it.
私にやらせて。

Let me ... で「…させて」となり、これも謙虚な申し出の言い回しになります。

一緒に覚えよう！

I'll do it.
私がやりましょう。

I'll ... なら「…します」と自発的に行動する表現に。

気づかずに通り過ぎようとする
友人を呼び止めるなら?

Chapter 2 外出先で

Hey!

ねえ!

こんなさりげない一言でも、いざ英語で言おうとすると出てこないもの。**日本語の「おーい」や「ねえ」「やあ」にあたる言葉がHey!です。**そもそも自分に気づいていない人に呼びかける語ですから、大きい声ではっきり言いましょう。

!! カジュアルに使おう!

ネイティブの同僚を呼び止めるのに、自然にHey!が出てきたら大したもの。恥ずかしがらず、大げさに表現すると◎。

一緒に覚えよう!

Hello?
おーい。

「ハロー↗」と語尾を上げて言うのがポイントです。

一緒に覚えよう!

Over here!
こっちだよ!

相手が自分に気づいていないなら、自分の居場所を伝えましょう。

デパートで
「今なら50%オフにしますよ」と
言われ、心が動いたら?

Chapter 2 外出先で

Sounds good.

いいねえ

日本語の「いいねえ」にあたる同意の言葉です。
That sounds good. を省略したもので、sound good で「良さそうに聞こえる」という意味に。覚えておけば、会話の端々で使えるお役立ちフレーズになります。

(!!) 相づちはバリエーション豊かに！

会話でYes.ばかりを繰り返すのはNG。**Sounds good.** のように、さまざまな相づち表現を織り交ぜましょう。

一緒に覚えよう！

That's reasonable.
悪くないね。

reasonable で「(値段などが)高くない」なので、
That's reasonable. で「高くない」→「悪くないね」です。

一緒に覚えよう！

Not bad.
いいね。

Not bad. は「悪くない」というより、「なかなかいいね」くらいのニュアンスに。

Question 07

レストランで、
値段の高さにびっくり！

Chapter 2 外出先で

It isn't worth it.

高すぎるな

worthで「…の価値がある」なので、「それ(値段)ほどの価値がない」→「内容のわりに高すぎる」→「高すぎるな」となります。ストレートに言うのが憚(はばか)られる場合、否定形なら婉曲的に表現できます。

(!!) こんな使い方もアリ!

「…したほうがいい？」「いや、その必要はないよ (**No, it isn't worth it.**)」なんてやり取りで使うこともできます。

一緒に覚えよう!

That's expensive.
高いなあ。

ストレートに「(金額が)高い」と言うなら expensive を使いましょう。

一緒に覚えよう!

That's too much.
高すぎる。

too muchで「手に負えない」なので、金額に対して使うと「(値段に)手が出ない」→「高すぎる」となります。

飲み会の会計で、
ワリカンを提案するなら?

Chapter 2 外出先で

Let's split the bill.

ワリカンにしよう

splitで「(縦に)割る」、the billで「勘定書き」なので、**split the billで「勘定を割る」→「ワリカンにする」**となります。ネイティブを交えた飲み会の席でさりげなく使ったら、「すごーい！」なんて尊敬されるかも?!

(!!) billの代わりにcheckでもOK！

レストランでの勘定書きなら、**Let's split the check.** でもOK。Go Dutchも同様の意味ですが、今はあまり使われていません。

一緒に覚えよう！

Let's (each) pay our share.
人数で割って払おう。

「ワリカン」という言葉を使わず、こう表現することもできます。

Question 09

今日は自分がごちそうするなら？

Chapter 2 外出先で

It's on me.

私のおごりだよ

「おごりだよ」なんて言葉は、恩着せがましくせずスマートに言いたいもの。そんな時、ネイティブは It's on me. を使います。**on は口語で「…のおごりで」**となるので、It's on me. で「(それは)私のおごりだ」です。

!! 自分が支払うなら、こんな表現も！

Let me get this.(ここは私がもちます)や **It's my turn.**(私の[支払う]番だ)でも OK です。

一緒に覚えよう！

It's my treat.
私のおごりだ。

treat には「もてなす」「ごちそうする」の意味があります。

一緒に覚えよう！

I'll get this one.
ここは私が。

「ここは私が支払います」を婉曲的に表現したフレーズです。

Question 10

パーティ会場で、
司会者のあなたに
注意を向けるなら?

Chapter 2 外出先で

Your attention, please.

ご注目ください

丁寧に表現すれば **Could I have your attention, please?** ですが、呼びかけですからこの3語でもOK！ 司会者が会をスタートさせる時の決まり文句です。こう言えば、みんなが注目してくれるでしょう。

⚠️ さらに省略すると

飛行機の機内アナウンスや、場内アナウンスなどでは、さらに省略した **Attention, please.** がよく使われます。

📝 一緒に覚えよう！

Listen up, everyone.
皆様、お聞きください。

listen up で「よく聞く」なので、重大発表などをする際によく使うフレーズです。

📝 一緒に覚えよう！

Excuse me, everyone.
皆様、恐れ入ります。

Excuse me.（すみません）を使っても、もちろんOKです。

パーティ、盛り上がってるけど、
もう帰らないと…。

Chapter 2 外出先で

I'd better go now.

もう行かないと

中座する時の定番表現がコレ！
I'd better go now. で「もう行ったほうがいい」→「**もう行かないと**」です。「本当は帰りたくないけど、帰らなきゃいけない」と後ろ髪を引かれるニュアンスが出せます。

!! I'd better ... をマスターしよう！

I'd better ... を使うことで、「…しないと」と自分に言い聞かせることができます。

一緒に覚えよう！

I have to be going.
行かなきゃ。

have to ...（…しなければいけない）を使うことで、もっと切羽詰まったニュアンスに。

一緒に覚えよう！

I need to get going.
行かなきゃ。

get going で「動き出す」「行き始める」なので、「行き始めなきゃ」→「行かなきゃ」となります。

Question 12

2次会に誘われ、
ノリノリでOKするなら?

Chapter 2 外出先で

I'd love to.

ぜひ!

Okay. や Sure. といった返事では、ノリノリの気分は出せません。こんな時ネイティブは **I'd love to.** を用い、「**ぜひ(…したい)**」と熱烈に何かをやりたい気持ちを表します。to のあとに自分がやりたいことを続けてもOKです。

!! I'd like to ... とどう違う?

I'd like to ...(…したい)も似たニュアンスですが、熱烈さは I'd love to ... の方が上でしょう。

一緒に覚えよう!

I'd like that.
いいですね。

丁寧な表現のため、状況を選ばず誰にでも使えます。

一緒に覚えよう!

That sounds great!
すっごーい!

sounds good ではなく great を使うことで、大げさな表現に。

Question 13

友人が「2次会は行かない」。
理由を聞くなら?

Chapter 2 外出先で

Why not?

どうして?

ただ「なぜ?」と理由をたずねるならWhy?だけでもOKですが、**「どうして来られないの?」とあえて否定の理由をたずねるならWhy not?** 最後にnotをつけるのがポイントです!

!! Why?とWhy not?の違いは?

単にWhy?と聞くより、「なぜ―なの?」という不満のニュアンスが強くなります。

一緒に覚えよう!

How come?
どうして?

Why?と同じようなニュアンスで使える口語表現です。

一緒に覚えよう!

For what reason?
どういう理由で?

ちょっと詰問調にするなら、こんな聞き方も。

Question 14

サッカーを観に来た。
ひいきのチームが負けているが、
「最後までわからない」と強がるなら?

Chapter 2 外出先で

You never know.

最後までわからないよ

可能性が低いものの、望みをなくしていない時に使うフレーズです。
You never know until the very end.（最後の最後までわからない） を短くした、非常にポジティブな言い回しになります。

!! You never know ... を使いこなそう！

言葉を続ければ「…はどうなるかわからない」という表現に。「物事は最後までわからない」ことのたとえとして使われます。

一緒に覚えよう！

Don't give up yet.
まだこれからだ。

「まだ諦めるな」→「まだこれからだ」というイメージ。

Question 15

「歩きスマホ」してる人が
近寄ってくる！
なんて注意する？

Chapter 2 外出先で

Watch out!

気をつけて!

こういう言葉は、すぐに出てこないと困りますよね?
「気をつけて!」「危ない!」「注意して!」にあたるフレーズが、
Watch out! です。とっさの時にすぐ言えるようにしましょう。

!! 1単語で注意するなら?

1単語なら、**Duck!** でもOK。これは「アヒル」ではなく、「ひょいと身をかわすこと」を意味します。

一緒に覚えよう!

Run!
逃げろ!

「走れ!」、つまり「走って逃げろ!」という意味になります。

一緒に覚えよう!

Heads up!
注意して!

これもまた警告の決まり文句です。危険を知らせるだけでなく、ちょっとした注意にも使えます。

Chapter 3
友だちと

外国人の友だちを増やすなら、最初のひとことをすっと言うのがポイントです。久しぶりのあいさつ、食事の誘いをやんわり断る、落ち込んだ友達を慰める…たった3単語で言えるのです。

Question 01

「今晩予定ある?」と聞かれた。
特にないなら?

Chapter 3 友だちと

Nothing special.

特にないよ

何かの有無や意見を求められ、特にコメントすべきことがない場合に使うフレーズです。Nothing.だけだと「何もない」ですが、**specialをつけることで「特別なことは…」と含みをもたせた表現**になります。

(!!) いろいろな状況で使えます！

体調を聞かれこう答えたら、「特に変わったことはない」「まぁまぁ」なんて意味になります。

一緒に覚えよう！

Nothing much.
特にないよ。

specialの代わりに **much** や **particular** でも同じ意味になります。

一緒に覚えよう！

Nothing going on.
特にないよ。

今現在、特に何も予定していることがないなら、こんな表現もいいでしょう。

Question 02

久しぶりに会った友人への
あいさつは?

Chapter 3 友だちと

It's been a long time.

久しぶり

Hello.やHi.だけでなく、たまにはこんなあいさつもしてみましょう。
It's been a long time. で「(お会いしてから)長い時間がたっている」→「久しぶり」となります。

(!!) 現在完了形がポイント!

現在完了形を使うことで、「ずっと…している」とある程度、幅のある時間の経過を表せます。

📓 一緒に覚えよう!

It's been too long.
ずいぶん久しぶりだね。
too longを使えば、さらに「会わなかった時間の長さ」を強調できます。

📓 一緒に覚えよう!

It's been a while.
しばらくぶりだね。
a whileで「しばらく」です。

飲み会に誘われたけど
今日はNG。
また誘ってほしいなら?

Chapter 3 友だちと

I'll take a rain check.

また今度お願いします

「rain checkって何？」と思うのも無理はありません。これは雨天引換券（雨で屋外の競技が中止になった時に渡す引換券）のことで、**take a rain check**で「**(都合が悪いので)また今度お願いします**」となります。

!! rain checkを使いこなそう！

Can I take a rain check? や **How about a rain check?** も同じような意味で使えます。

一緒に覚えよう！

I'll have to pass this time.
今回はパスだな。

I'll have to ... で「…しなきゃ」と嫌々ながら「やらざるを得ない」ニュアンスになります。

一緒に覚えよう！

Maybe next time.
また次の機会に。

「またね」くらいに軽く返すなら、こんな言い方でもいいでしょう。

タイプじゃない人から
食事に誘われた。
やんわり断るなら?

Chapter 3 友だちと

Maybe next time.

また今度!

No. で断ると、あまりいい印象を与えません。そんな時には**Maybe next time.** で「たぶん、次の機会に」→「また今度(今回はごめんなさい)」がオススメ。next time は永遠に来ないかもしれませんが、これなら相手も傷つきません。

(!!) 曖昧表現 maybe(たぶん)を使いこなそう!

Maybe some other time. でも同じ意味に。**maybe** のような語を知っていると、表現の幅が広がります。

📇 一緒に覚えよう!

Sorry, not today.
ごめん、今日はダメなの。

「じゃ、明日は?」と突っ込まれないうちにバイバイしちゃいましょう!

📇 一緒に覚えよう!

I can't this time, sorry.
今回はダメ、ごめんね。

sorry をつければ「申し訳なさ」がきちんと伝わります。

Question 05

「スマホが壊れた！」と
パニック状態の友だちを
落ち着かせるには？

Chapter 3 友だちと

Calm down.

落ち着いて

怒っている人や興奮している人を落ち着かせるなら、このフレーズを！
calm downで「**落ち着く**」「**心を整える**」となります。とっさに使う言葉ですから、命令形でも失礼にはなりません。

!! 似た表現の Cool down. は？

似た表現の**Cool down.**は、相手が怒っている時に使う言葉。「頭を冷やして」に近いニュアンスになります。

一緒に覚えよう！

Take it easy!
あせらないで！

「気楽に！」「無理をしないで！」なんて意味でも使います。
Just relax.（リラックスして）でもいいでしょう。

Question 06

いつも元気な友だちが
今日は浮かない顔。
なんて声をかける?

Chapter 3 友だちと

What's the matter?

どうしたの?

the matter で「困ったこと」なので、**What's the matter?** で**「困ったことは何?」→「どうしたの?」**と相手を気づかうフレーズに。病人を見かけた時など、いざという時にマストな文ですから、ぜひ覚えましょう。

(!!) 人間以外にも使える便利フレーズ!

人間だけでなく、機械などに対しても「何か調子が悪いの?」という同様の意味で使えます。

一緒に覚えよう!

What happened?
どうしたの?

短くて使い勝手のいいフレーズです。

一緒に覚えよう!

Is something the wrong?
どうかしたの?

直訳すると「何か悪いところでもあるの?」ですが、転じて「どうしたの?」に。

Question 07

もう酔ってるのに
ワインのボトルをオーダーしようとする
友だちを止めるには?

Chapter 3 友だちと

Are you serious?

マジ？

日本語でよく言う「マジ？」に相当する英語がコレ！ serious で「本気の」「真面目な」なので、**Are you serious? で「本気なの？」**→「**マジ？**」となります。日常的によく使うので、ぜひ覚えましょう。

!! ネガティブなニュアンスに注意！

ただ単に「マジ？」と確認するだけでなく、「ウソでしょ、信じられない」といったネガティブなニュアンスが含まれます。

一緒に覚えよう！

You can't be serious.
冗談でしょう。

「あなたは本気のはずがない」→「冗談に違いない」となります。

一緒に覚えよう！

Don't do it.
やめなよ。

単刀直入に「やめなよ」とアドバイスしてもいいでしょう。

夢見がちな女友だちに
「私、セレブと結婚できるかな?」
と言われたら?

Chapter 3 友だちと

No one knows.

誰にもわからないよ

自分はもちろんのこと、誰にもわからないことを聞かれた時の決まり文句です。答えに困ったら、こんなフレーズで切り抜けましょう。**No one knows the truth but God.（真実は神のみぞ知る）** の省略形です。

!! No one knows ... でも使える！

No one knows the future.（未来は誰にもわからない）のように、後に言葉を続けてもOK！

一緒に覚えよう！

Who knows?
誰にもわからないよ。

「誰がわかる？」→「誰にもわからないよ」と反語的に解釈します。

一緒に覚えよう！

God only knows.
神のみぞ知る。

「神様しか知らない」＝「他の人にはわからない」という意味です。

お金を貸してくれた友人に、
お礼を言うなら?

Chapter 3　友だちと

I owe you one.

借りができた

友だち同士でよく使う言葉です。owe で「借りがある」なので、**I owe you one.** で「あなたに 1 つ借りができた」→「借りができた」。one に特に意味はなく、**I owe you a big one.** と表現することもあります。

!! 言葉のストックを増やそう!

お礼がいつも Thank you. では、いつまでも英語初心者のまま。何か友だちにお世話になったら、たまにはこんなフレーズを返してみましょう。

一緒に覚えよう!

I owe you big time.
大きな借りができた。
big time を使うことで「ずいぶんお世話になった」という大げさなニュアンスに。

一緒に覚えよう!

I'll make it up to you.
埋め合わせするよ。
make it up to ... で「…に埋め合わせをする」です。

Question 10

友人が落とした財布が戻ってきた！
声をかけるなら?

Chapter 3　友だちと

Lucky you.

> ついてるね

You are lucky.の語順を逆にし、意味を強調したフレーズです。**何かいいことがあった人には、こんな声を**かけてみましょう。喜怒哀楽を共に分かち合うのが、ネイティブ流の英語術です！

💬 forが入るとニュアンスが変わる！

Lucky for you. だと「たまたま運が良かっただけで、運が悪ければどうなったかわからない」と、ややネガティブな意味に。

一緒に覚えよう！

It's your lucky day.
ついてるね。

You're a lucky guy. でも同様の意味になります。

一緒に覚えよう！

Luck is on your side!
ついてるね！

「運がきみの味方をしているよ」というニュアンスになります。

Question 11

フラれて落ち込む友だちに「なんとかなるさ」と励ますなら?

Chapter 3　友だちと

It'll all work out.

何とかなるさ

work outで「うまくいく」なので「すべてうまくいくさ」→「何とかなるさ」となります。
何か辛いことなどがあった時に使います。落ち込んでいる人がいたら、ぜひこんな声かけを！

!! work outは使い勝手バツグン！

ネイティブは句動詞のwork outを非常によく使います。他に「解ける」「結局…となる」などの意味も覚えておきましょう。

一緒に覚えよう！

We can find a solution.
解決できるよ。

少しかたく表現するならこんな言い方もOK。
solutionで「解決方法」です。

一緒に覚えよう！

We'll figure it out!
解決できるさ！

こんなふうに声をかければ、気も楽になります。
figure outで「解決する」。

Question 12

海外に転勤する友だちの
幸運を祈るなら?

Chapter 3 友だちと

I'll cross my fingers for you.

幸運を祈るよ

cross one's fingers で「幸運を祈る」なので、**My fingers are crossed for you. で「私はあなたのために幸運を祈ります」→「幸運を祈る」**という別れ際の決まり文句になります。

(!!) ネイティブがよくやる指の形です！

中指を曲げ人さし指の上に重ね、十字架のような形にするのが cross one's fingers のポーズです。

一緒に覚えよう！

All the best.
幸運を祈ります。

別れ際だけでなく、手紙の文末、乾杯の挨拶などでも使われるフレーズです。

一緒に覚えよう！

I'm rooting for you.
応援しています。

root for ... で「…を応援する」です。

Question 13

昔の恋人のことを聞かれ、
もう終わってるなら?

Chapter 3 友だちと

He's / She's history.

もう過去のことさ

恋人ととっくに別れたのに、それを知らない人から質問されることって、ありますよね? そんな時にサラッと使うとかっこいいフレーズです。**「彼/彼女は歴史だ」→「もう過去のことだ（別れたんだ）」**となります。

!! 「元カレ/元カノ」は何て言う?

ex-には「前の…、元…」という意味があるため、ex-boyfriendまたはex-girlfriendとなります。

📆 一緒に覚えよう!

It's over.
終わったよ。

overを使って「（関係の）終わり」を表現することもできます。

📆 一緒に覚えよう!

We're finished.
終わったんだ。

受動態を使うのがポイント!

Question 14

「あなたの彼(彼女)と
1回だけデートさせて」と
冗談半分で言ってくる人に

Chapter 3 友だちと

No way!

無理！

ニベもなく断るなら、たった2単語でOKなこのフレーズを！日本人にはあまり馴染みがありませんが、ネイティブがとてもよく使う表現です。**「無理！」**の他にも**「ウソ」「まさか」**など、さまざまな意味で使えます。

!! 表情やジェスチャーをつけて！

表情やジェスチャーを大げさにつけると、ネイティブっぽいニュアンスが出せます。

一緒に覚えよう！

No chance!
ありえない！

Fat chance! でも同じ意味になります。

一緒に覚えよう！

Absolutely not!
絶対ムリ！

absolutely（絶対）にnotをつけることで、強い否定を表します。

Question 15

なんだか勘違いされてるみたい。
誤解を解くには?

Chapter 3 友だちと

Don't get me wrong.

誤解しないで

get ... wrongで「…を間違える」。
そのためこのフレーズは「私のことを悪く取らないで」→「誤解しないで」と、自分の真意を取り違えられた時に使うフレーズです。穏便にもキツくも、言い方次第でニュアンスを変えられます。

!! プリテンダーズの大ヒット曲にも！

80年代に大ヒットしたプリテンダーズの曲のタイトルが、まさにこのフレーズ。男女間で非常によく使われる言葉です。

📇 一緒に覚えよう！

Don't misunderstand me.
誤解しないで。
misunderstand(誤解する)という語を使うと、よりストレートな表現になります。

Chapter 4
オフィス・ビジネスで

上下関係や取引先など、とかく神経を使うのがオフィスでの英語。誤解なくしっかり伝わる短いフレーズを見ていきましょう。

上司に相談ごとが。
忙しそうな上司を
呼び止めるには?

Chapter 4 オフィス・ビジネスで

Do you have a minute?

ちょっといいですか?

「(話があるんですけど)お時間ありますか?」という意味のフレーズ。**a minute を使うことで「少しの時間でいいのでお話しさせてください」というニュアンスが含まれる**ので、どうしても相談したいことがあると伝わるでしょう。

⚠️ 相談事にはマナーが大事!

いきなり相談事を持ちかけるのは失礼ですから、まずはこのように「時間があるかどうか」を確認するのがマナーです。

📇 一緒に覚えよう!

Do you have a second?
少しお時間ありますか?

a second(ちょっと[の間])を使っても同じような意味になります。

📇 一緒に覚えよう!

Could I speak to you for a minute?
少しお話してもいいですか?

丁寧に言うなら、Could I ...?(…してもいいですか?)を使うといいでしょう。

Question 02

気になる人から頼まれごと。
好感を持たれる引き受け方は?

Chapter 4　オフィス・ビジネスで

Anything for you.

あなたのためなら何なりと

頼みごとをして、こんな返事をもらったらうれしいですよね！恋人や気になる人に言えば効果てきめん、**anythingを使うのがポイント**。**I'd do anything for you.** の省略形で、ジョークっぽく言えば場を和ませます。

!! 好感度抜群のフレーズ！

「あなたのためなら何でもやりますから、遠慮なく言ってください」というニュアンスですから、喜ばれること間違いなし！

一緒に覚えよう！

It would be my pleasure.
喜んでやります。

「それは私の喜びとなります」→「喜んでやります」というイメージ。

一緒に覚えよう！

I'd be happy to help.
喜んでお手伝いします。

手助けを頼まれた時の決まり文句です。

上司から「期待してるよ」と言われた。
どう答える?

Chapter 4 オフィス・ビジネスで

I'm on it.

そのつもりです

「そのつもりで、もう心の準備はできています」というニュアンスのフレーズです。すでにやる気満々で、準備万端の時に使います。何か頼みごとをして、こんな返事が来たらうれしいですよね？ **On it.** と省略してもOKです。

(!!) onを使うのがポイント！

「…している最中」であることを表す **on** を使うのがポイント！「言われなくてもわかってます」という含みがあります。

一緒に覚えよう！

I won't let you down.
ご期待に沿えるようにします。

let ... down で「失望させる」ですが、否定形をつけて「失望させない」→「期待に沿う」となります。

一緒に覚えよう！

I got this.
了解しました。

get には「理解する」という意味もあります。

話が長くてよくわからない。
ポイントだけ言ってほしいときは?

Chapter 4 オフィス・ビジネスで

Spare me the details.

要点を言って

Spare me ... で「…は勘弁して」「…は聞きたくない」、detailで「ささいなこと」「詳細」なので、**Spare me the details.** で「**詳細は勘弁して**」→「**要点を言って**」となります。

!! Spare me. も覚えよう！

Spare me. だけで「勘弁してよ」なんて言い回しに。日常会話でよく使う表現です。

一緒に覚えよう！

Get to the point.
要点を言って。

ストレートに「ポイントだけ言って」と伝えるなら、こんなフレーズも。

一緒に覚えよう！

What's the main point?
要点は何？

疑問文で聞くなら、What's ...? を使いましょう。

取引先に近況を聞くなら?

Chapter 4 オフィス・ビジネスで

How's business?

(仕事は)どう?

近況を聞くなら **How are you doing?**(どう?)でもいいのですが、仕事関係の人ならこのフレーズがオススメ。これなら**「景気はどう?」というニュアンスもある**ので、単刀直入にビジネスの話に入れます。

!! How's ...?で調子を聞こう!

How's ...?(…はどう?)で、さまざまなものの調子を聞けます。会話を弾ませるなら、ぜひ使ってみて!

一緒に覚えよう!

How are you doing?
どう?

さまざまなものの調子を聞く万能フレーズがこれ!

一緒に覚えよう!

How is everything?
もろもろどう?

あえてeverythingを使うことで、もろもろの近況をたずねるニュアンスが含まれます。

Question 06

近況を聞かれて、
まぁまぁいい感じなら?

Chapter 4 オフィス・ビジネスで

Not too bad.

まぁまぁいい感じだよ

How's everything going?（最近どう？）なんて近況を聞かれて、可もなく不可もなくなら、こんな答え方をしましょう。**Not too bad.** で「悪すぎない」→「まぁまぁいい感じだ」と当たり障りのない返事になります。

(!!) ポジティブに考えよう！

badを使っているため悪い意味にとる人が多いですが、実はポジティブな言葉！ だからネイティブも多用します。

一緒に覚えよう！

It's going okay.
いい感じだよ。

It's going ... と現在進行形を使うと、「まさに今」の雰囲気が出せます。

一緒に覚えよう！

Fine.
いいよ。

1語で答えるなら、Fine. でOK！

Question 07

外国人のお客様だ！
席をすすめるなら？

Chapter 4 オフィス・ビジネスで

Please have a seat.

どうぞお座りください

日本人で Please sit down. なんて言う人を見かけますが、これだと「(立ち上がらずに)座ってください」というニュアンスに。こんな時は have a seat(座る)を使い、Please have a seat. と言うと自然です。

(!!) Sit down, please. も NG!

Sit down, please. も、ネイティブには「さぁ座りなさい」くらいに聞こえるのでオススメできません。

一緒に覚えよう！

Have a seat here.
ここに座って。

「ここ」と場所を示すなら here を最後につけましょう。

一緒に覚えよう！

Please take a seat here.
こちらにおかけください。

丁寧に言うならこんな言い方も。take a seat で「腰かける」「席に着く」です。

仕事が終わらないみたい。
「自分に任せて」と言うなら?

Chapter 4 オフィス・ビジネスで

You can count on me.

任せて

人が困っている時などに、「自分に任せて」と言うならこのフレーズを。
count onで「当てにする」「頼る」なので、「**私を当てにしていいよ**」→「**任せて**」となります。

!! 好感度バツグンな言葉!

困っている時に「任せて」なんて言われたら、誰だってうれしくなるはず。好感度アップ間違いなしの言葉です。

一緒に覚えよう!

You can rely on me.
任せて。
rely onで「頼りにする」となり、同じような意味で使えます。

一緒に覚えよう!

Leave it to me.
任せて。
leave A to Bで「AをBに任せる」、これもまたよく使われます。

締め切り前なのに、
何度も催促する同僚には?

Chapter 4 オフィス・ビジネスで

Don't rush me.

せかさないで

「早く早く」とせかされる、さまざまなシーンで使えます。rushで「急がせる」なので、Don't rush me. で「私を急がせるな」→「**せかすなよ**」。Don't ... (…しないで)を使うことで、嫌がっていることが伝わります。

!! Don't ... を使いこなそう！

日本人は自己主張をしないと言われますが、どうしても嫌な時は遠慮なく Don't ... (…しないで)を使いましょう。

一緒に覚えよう！

Don't push me.
せかさないで。

pushでも「せかす」と同じような意味に。
Don't pressure me. でもOKです。

一緒に覚えよう！

Get off my back.
ほっといて。

しつこくされたような時に、「干渉しないで」という意味で使います。

遅刻を繰り返す部下に、
最後通牒を渡すなら?

Chapter 4 オフィス・ビジネスで

That's it.

> もう終わりだ

「あれはそれ」ではありません!「**まさにそれ**」「**それでおしまい**」という意味になるため、この状況では「**もう終わりだ(クビだぞ)**」。もうこれ以上、我慢できない時に使うフレーズです。上司にこう言われたら、まさに That's it!

(!!) 我慢の限界に達した時に!

「もう終わりだ」なんて意味になるのですから、我慢の限界に達したら使いましょう。そう頻繁に使っちゃダメですよ!

一緒に覚えよう!

I've lost my patience.
もう我慢できない。

lose one's patience で「我慢できなくなる」です。

一緒に覚えよう!

That's all I can take.
もうダメだ。

決まり文句で、もう我慢しきれない時に使います。

アルバイトのスタッフを
励ますなら?

Chapter 4 オフィス・ビジネスで

Keep it up.

その調子で頑張って

人に励ましの言葉をかける機会は、日常的によくあるはず。「頑張って」の英語は複数ありますから、臨機応変に使い回しましょう。**「その調子で頑張れ」と、今の調子を維持するよう励ます**ならコレ！ 応援や別れのあいさつにも使える便利なフレーズです。

!! 「頑張れ」のいろいろな表現を覚えよう！

Keep going. も同じような意味に。keepは「…の状態を維持する」というニュアンスを含みます。

一緒に覚えよう！

Keep up the good work.
その調子で頑張って。
keep up で「…したままにする」「持続する」です。
workを使っているので同僚におススメ。

一緒に覚えよう！

Hang in there.
頑張れ。
挫折しかけている人を励ますなら、Hang in there.

Question 12

締め切りに遅れている部下に、
「なる早で」と急がせるなら?

Chapter 4 オフィス・ビジネスで

As soon as possible.

できるだけ早くね

「できるだけ早く」に相当する英語が As soon as possible.、その短縮語の「なる早」(なるだけ早く)に当たる語が **ASAP** です。砕けたやりとりなら ASAP でも OK、「アーサップ」と発音し、SNS などでよく使われています。

!! as ... as possible を使いこなそう!

as ... as possible で「できるだけ…」なので、as detailed as possible なら「できるだけ詳しく」です。

一緒に覚えよう!

As soon as you can.
できるだけ早くね。

as ... as you can も「できるだけ…」となります。

一緒に覚えよう!

As quickly as you can.
できるだけ早くね。

as ... as の間は soon でも quickly でも OK。ただし quickly のほうが、より焦っている感じが出ます。

Question 13

「いつまでにやればいい?」
と聞かれ、
「まだまだ大丈夫」と言うなら?

Chapter 4 オフィス・ビジネスで

Take your time.

ゆっくりでいいよ

こんな言葉が自然に出ると、親切な人だな…なんて思われます！

Take your time. で「あなたの時間をとって」→「時間をかけていいよ」→「ゆっくりでいいよ」。

時間に余裕がある時は、ぜひこんな言葉をかけてあげましょう。

!! 「時間をかけた分の成果を」というニュアンス

「急がなくていいから、きちんとやってね」という含みもあります。

一緒に覚えよう！

You have plenty of time.
たっぷり時間はあるよ。

plenty of time で「たっぷりの時間」。
No need to rush. でも同じ意味になります。

Question 14

「むずかしい仕事でも、
あきらめずに挑戦しよう」と
声をかけるなら?

Chapter 4 オフィス・ビジネスで

Let's give it a try.

やるだけやってみよう!

give it a try で「試しにやってみる」なので、**Let's give it a try!** で「**試しにやってみよう!**」→「**やるだけやってみよう!**」という励ましのフレーズに。

!! 「やるだけやってみるよ」なら?

自発的に「やるだけやってみるよ」と言うなら、
I'll give it a try. がオススメ。

一緒に覚えよう!

It's worth trying.
やってみる価値はある。

worth ...ing で「…する価値がある」です。

一緒に覚えよう!

Let's try!
やってみよう!

シンプルに表現するなら、この2語でも OK。

Question 15

「この仕事から手を引こうか」、
同僚に判断を委ねるなら?

Chapter 4 オフィス・ビジネスで

It's up to you.

あなた次第だよ

「どうする？」と意見を求められ、相手にお任せするならこんなフレーズを。upにはさまざまな意味がありますが、ここでは**「…次第で」**。「彼次第だよ」なら **up to him**、「マイク次第だよ」なら **up to Mike** となります。

⚠ 否定形だとどうなる？

It's not up to you. と否定形にすると「それはあなたが決めることではない」と、相手に反論する意味に。

📖 一緒に覚えよう！

You decide.
あなたが決めて。

decideをchooseに代え、**You choose.** でもほぼ同じ意味に。

📖 一緒に覚えよう！

The ball's in your court.
あなた次第だ。

「ボールはそっちのコートにある」→「あなた次第だ」という慣用句。

Question 16

優柔不断な人に、
早く決断するよう迫るなら?

Chapter 4 オフィス・ビジネスで

Make up your mind.

決断してよ

make up one's mindで「決心する」「決断する」なので、これを命令形にすれば「**決断して**」「**心を決めてよ**」となります。グズグズして、なかなか話がまとまらない時に使うと効果的！

!! 「もう決心できた？」と聞くなら

疑問形を使って「もう決心できた？」と聞くなら、
Have you made up your mind yet? です。

一緒に覚えよう！

Please decide.
決めてください。

遠慮がちに言うなら、Pleaseを使って聞きましょう。

一緒に覚えよう！

Make a decision.
決断して。

ちょっとフォーマルな言い方をするなら、decision（決断）がオススメ。

Question 17

会社が合併するなんて噂が。
「ありえない」と断言するなら?

Chapter 4 オフィス・ビジネスで

That'll be the day.

ありえないね

このフレーズの元は、**That will be the day that I die.(私が死ぬ日までそんなことはありえない)**。これを短縮して、**That'll be the day.** で「まさにそのありえない(死ぬ)日だ」→「ありえない」となります。

!! ネイティブ表現をマスターしよう!

こういう慣用句は、丸ごと覚えるのが一番! いかにもネイティブ風な表現ですから、サラッと使うと「できる風」に見えます。

一緒に覚えよう!

I don't think it will happen.
ありえないね。
「それが起こるとは思わない」→「ありえないね」となります。

一緒に覚えよう!

That's not going to happen.
そんなことは起こらないだろうね。
be going to で「…するだろう」と予定を表します。

「休日出勤は大丈夫?」と聞かれ、OKなら?

Chapter 4 オフィス・ビジネスで

No problem.

大丈夫です

直訳は「問題ない」ですが、転じて「**(問題ないから)大丈夫です**」となります。人を安心させるニュアンスが含まれるため、**OK.**(いいよ)などの答えより喜ばれます。**Sure.**(もちろん)と返事した後に続けてもいいでしょう。

(!!) 気軽にOKするならこれ！

人に何かお願いされ、OKするならぜひこれを！ 快く引き受ける気持ちが伝わります。

一緒に覚えよう！

Yeah, that would be okay.
ああ、大丈夫だよ。

wouldを使うことで「…だろう」という曖昧なニュアンスが出せます。

一緒に覚えよう！

I guess I could do that.
大丈夫だと思う。

I guess I could ... で「…できると思う」という意味に。

Question 19

「メールが受信できない！」と
会社中が大騒ぎ。
自分も同じなら？

Chapter 4 オフィス・ビジネスで

Same here.

こっちもだ

「そっちはどう？」などと身の回りの状況を聞かれた時に使うフレーズで、**「こちらの状況も同じだ」と話し手も同様の状態である時に**使います。日常生活でわりとよく使う言い回しですから、ぜひ覚えてください。

(!!) このフレーズが思い出せなかったら

Yeah, I know.（ああ、そうだね）なんて同意のあいづちでも、同じような状況にあることが伝わるでしょう。

一緒に覚えよう！

Me too.
私も。

自分だけが同じ状況なら、このフレーズでもOKです。

一緒に覚えよう！

Same for me.
私も同じだ。

Me too.をもう少し丁寧に言うなら、こんな言い方もあります。

仕事帰りに
「軽く飲んでいかない?」
と誘うなら?

Chapter 4 オフィス・ビジネスで

Let's get a drink.

ちょっと一杯やろう

get a drinkで「軽く一杯飲む」なので、Let's get a drink.で「ちょっと一杯やろう」。軽く誘うニュアンスがあるので、これなら女性に使っても変に思われません！

!! 先に約束しておくなら？

あらかじめ予定を入れておくなら、
Let's get a drink after work.(仕事帰りに一杯やろう)です。

一緒に覚えよう！

How about a drink?
飲まない？
How about ...?(…はどう？)で聞いてもOKです。

一緒に覚えよう！

How about one for the road?
出がけに一杯どう？
one for the roadで「旅立ち前の一杯」→「出がけの一杯」となります。

Epilogue
おわりに

70問、おつかれさまでした！
ヒントなしで70回考えるのは、けっこう大変だったと思います。

「おわりに」は、コーヒーでも飲んでリラックスしながら読んでください。

TOEICで800点とっているような人でも、とっさに話せないという人はたくさんいます。だから、今の時点で、なかなかすぐに英語が出てこないのは、恥ずかしいことでも何でもありません。

この本を、気の向いたときや、ちょっと時間があいたとき、何度でも読み返してみてください。最初に読んだときよりも、少しずつですが、考えている時間（つまり話す前の沈黙の時間ですね）が短くなっていくことに気がつくはずです。これは、あなたの脳に「話す回路」が開通しはじめたということです！
あとは、この本にあるいろんなフレーズを、どんどん実際に口にしてみてください。そうすれば、この本でやった「会話のシミュレーション」のステップから、実際の会話のステップにスムーズに移れることになります。

日本人に欠けていたのは、このステップを踏む、ということなんですね。いえ、もうこの話はやめましょう。長くなるし、みなさんはそこを脱する一歩前にいるのですから！

「はじめに」にも書きましたが、この本の「おすすめフレーズ(左ページにある大きな字のフレーズ)」だけが正解ということではまったくありません。
実際の会話をしていくなかで、他にも使えるフレーズをどんどん増やしていって下さい。そしてしばらくしたら、またこの本のQuestionをやってみてください。きっとご自分の変化に驚かれるはずです。

そんな変化を実感し、会話を楽しむみなさんと、どこかでお会いできることを心から楽しみにしています！

Start now to change your life. You can do it!

デイビッド・セイン

本書は書き下ろしです

著者紹介

デイビッド・セイン
David Thayne

米国出身。社会学修士。証券会社勤務を経て来日。日米会話学院などでの教授経験を活かし、日本で25年以上の豊富な英語教育経験を持つ。日本人に合った英語マスター術をこれまで多数開発。日本における英語・英会話教育の第一人者である。英語をメインに、さまざまな企画を運営するグループ「AtoZ（エートゥーゼット）」を主宰。そのアイデア力で、書籍・雑誌の執筆・翻訳からウェブコンテンツ制作まで広く活躍中。これまで著した英語関連の本は累計350万部。多くがベストセラーになっている。

AtoZ （エートゥーゼット）
http://www.smartenglish.co.jp/

最初のひとことがすっと言える！英会話

2016年8月10日　第1刷

著　　者	デイビッド・セイン	
発行者	小澤源太郎	
責任編集	株式会社プライム涌光	
	電話　編集部　03(3203)2850	
発行所	株式会社青春出版社	

東京都新宿区若松町12番1号 〒162-0056
振替番号　00190-7-98602
電話　営業部　03(3207)1916

印刷・大日本印刷　　製本・ナショナル製本

万一、落丁、乱丁がありました節は、お取りかえします

ISBN978-4-413-11186-7 C0082
©David Thayne 2016 Printed in Japan

本書の内容の一部あるいは全部を無断で複写（コピー）することは著作権法上認められている場合を除き、禁じられています。

「敏感すぎる自分」を好きになれる本
長沼睦雄

ミステリー小説を書くコツと裏ワザ
若桜木虔

マンガ 新人OL、つぶれかけの会社をまかされる
佐藤義典[著] 汐田まくら[マンガ]

結局、「1%に集中できる人」がすべてを変えられる
質とスピードが同時に手に入るシンプル思考の秘訣
藤由達藏

「自分の働き方」に気づく心理学
何のために、こんなに頑張っているんだろう…
加藤諦三

青春出版社の四六判シリーズ

最小の努力で最大の結果が出る
1分間小論文
石井貴士

ちょっとしたストレスを自分ではね返せる子の育て方
土井髙德

約束された運命が動きだす スピリチュアル・ミッション
あなたが使命を思い出すとき、すべての可能性の扉が開く
佳川奈未

難聴・耳鳴り・めまいは「噛みグセ」を正せばよくなる
長坂 斉

※以下続刊

お願い ページわりの関係からここでは一部の既刊本しか掲載してありません。折り込みの出版案内もご参考にご覧ください。